OHSAMA BUNKO

「ほっ」とする言葉55

スマイル・ファクトリー[編著]

三笠書房

「その角」曲がれば
なんだかいいこと
ありそう

一つひとつ
ゆっくり
解決していこう

人生にはムダな
ことなんて
一つもない

転んだら、
ゆっくり起きればいい

悲しい時は、泣いてもいい
疲れたら、少し休みましょう

あせらなくても
だいじょうぶ
ですよ

誰だって落ち込む日はある

一つひとつ、ゆっくり解決していけばいい

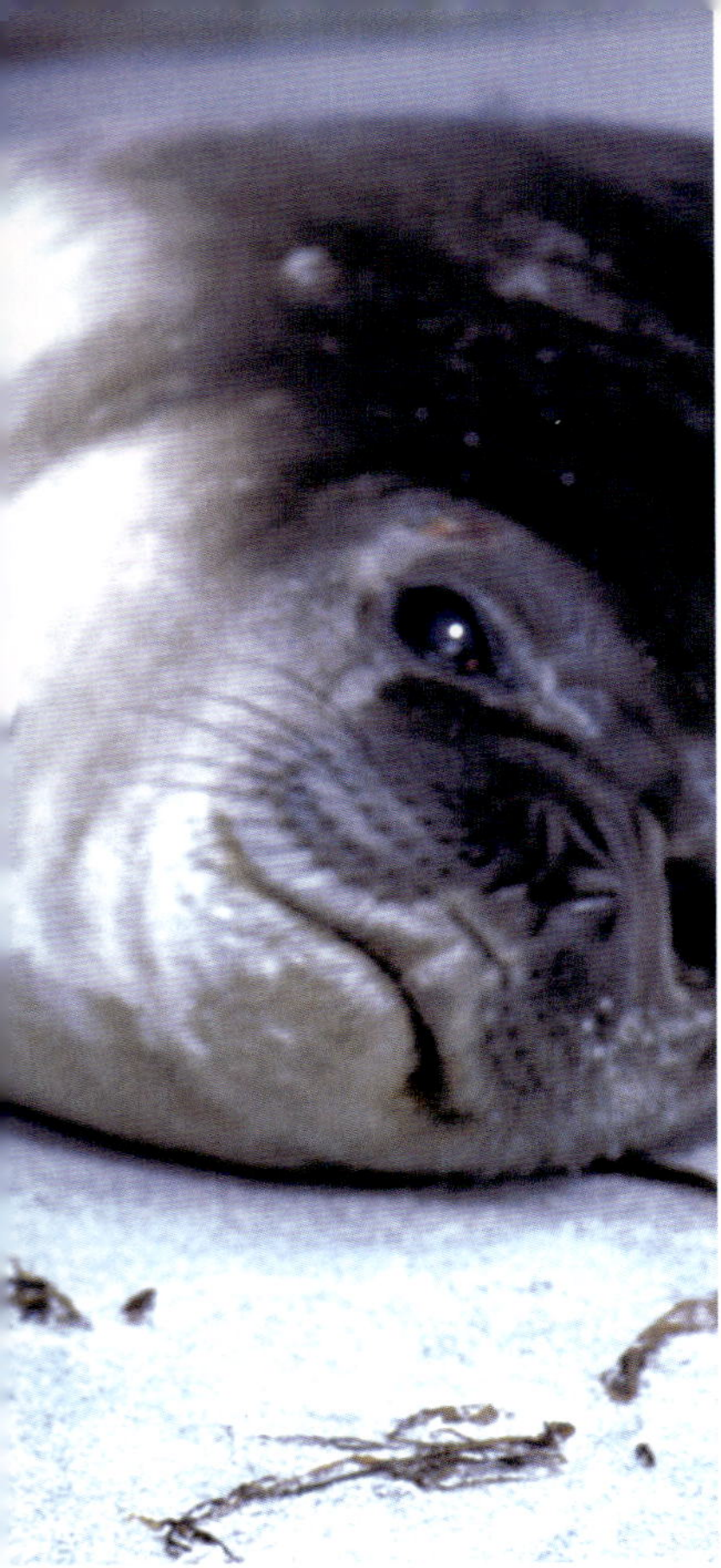

はじめから強い人間はいない

みんな
少しずつ
強くなってきた

大物になるには、たくさんの"助走"が必要

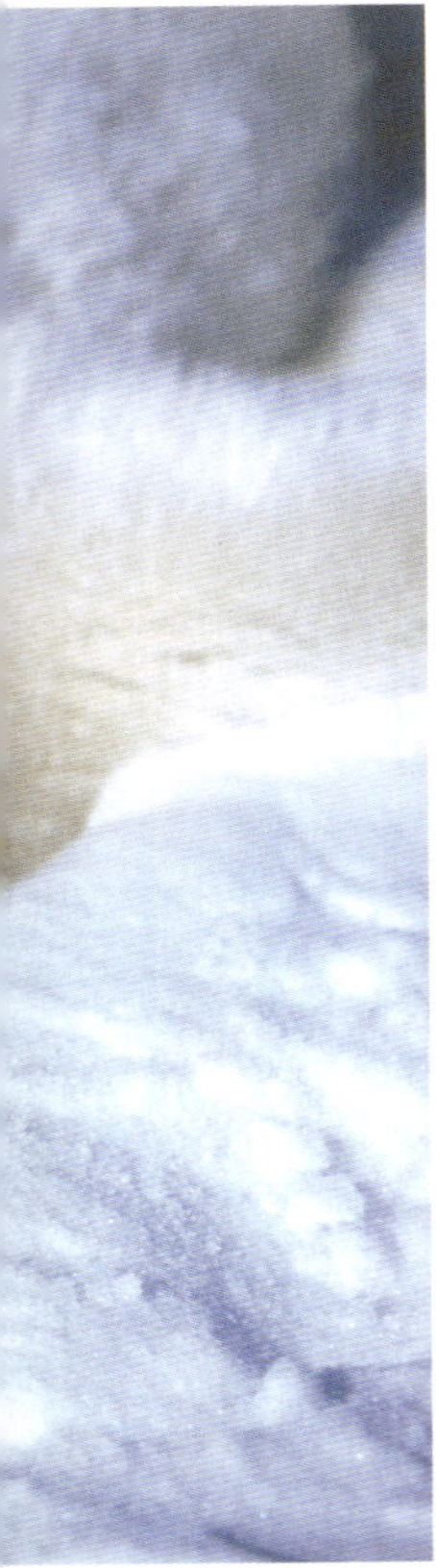

あなたはうまくいく人だよ

…だってがんばってるの知ってるもん

乗り越えられる困難しか、やってきません

色々あったぶんだけ、
強くなっている

どんな「壁を越えた」経験も
必ず“自信”につながっている

悲しかったぶんだけ
「強くなれる」のは
ほんとう

「今日」という日があって
よかった。
と思える日が
必ず来る

人に勝てなくて
いいと思う
自分に勝てれば

人間関係にでも
仕事にでも
「手遅れ」はありません

どうにもならないことは　どうにもならない
どうにかなることは　どうにかなる

「今だ！」と
思ったら
飛びこむ。それがはじまり！

一番大事なことは
「決めた」のは
「あなた」ということ

本当に自分がやりたいことだったら死ぬ気でやらないと後悔する

扉は
それを叩くものに
開かれます

高く跳ぶほどに、“見えないもの”が見えてくる——

世界は「あなたのもの」です
あなた次第で
「いかようにも」変えられます

夢は逃げない
あなたが逃げない限り

でも、もしも少し疲れたら、
ほんのちょっとだけ、ほんのちょっとだけ
休みませんか?

だって、
あなたはがんばっています
体を(心も)休めるのは
誰にでも必ず必要なことです

いくら考えても、解決できないこともあるみたい
早く忘れたほうが、いいときもあるみたい

もう少し
ゆっくり歩きませんか

実はちょっと「力を抜く」ほうが
何でもうまくいきます

答えは、必ずやってきますよ

ゆったり、いこうよ

ゆったり、いこうよ

心が
スーッと軽くなります

頭の中がグチャグチャしだしたら

今日は
おいしいごはんを食べて
早く寝たっていい

人生はいつも途中、
何がどう生きてくるか分かりません

落ち着くと
自分と「正直に」
向きあえるようになる

あなたには
心を落ち着かせる
時間が必要です

「うまくいかない日」があったほうがいい――
ちょっと落ちついて「今の自分」と向きあえるから

あなたは何になりたいの？

パンダは
パンダ以下も
パンダ以上も
目指しません
体にトラ柄やヒョウ柄は描きません。

自分以外の
「誰か」のようには生きない

つまり……

あなたは、誰かのマネではない、ということ

あなたは
あなただから
「最高」ということ

もっと自分のことだけ考えていいんだよ

あなたの魅力をわかってくれる人は、必ずいます

あなたが一生懸命だから
傷つくのです

見ている人は見ています

今日がんばるから、結果がでるのではありません
……10年、20年がんばるから「宝石」が生まれるのです

なりたいようになる
なるようになる

……………あなたが燃える時を思い出しましょう

なんとかなるなるなる
なるなるなるなるなる

人生は、がんばる人に微笑むようになっています

才能の差は小さい
努力の差は大きい

あなたは
ゆっくりと確実に
成長してる

だいじょうぶ！

……まだまだ先はあるし、
できないことがたっくさんあるように
できることも、たくさんたっくさんある

いい顔してると、
「いいこと」やってくる不思議…

しあわせは
いつも
「自分の心」が決める

評価は人が勝手にするもの

……答えは一つじゃない……………

夢物語の主人公は
あなたです

一人ひとり「道」も「才能」も違う

らせん階段なのかもしれない
グルグル回っているようで、昇っている

他人が
「何を言うか」ではなく
あなたが
「どう感じたか」

「今」やらないで
「いつ」やるの？

あなたが
「何をしたいのか」

最終結果を
イメージして、
「今やるべきこと」を
考えよう

少しだけ厳しいことを言うと

現状に満足している人間ほど
つまらないものはない

あなたがつらいのは、
あなたが努力を継続できる人だからです
理想とのギャップに苦しんでいるのは
がんばっている証拠です

ここでできないことは、
他でもできない

「今よりもっと」はすごく大切、大事な気持ち

つらい時は、伸びている時

何をしたらいいか
分からなくなったら
「今できること」に
集中しよう

やるだけやってみよう

カバだって時速50キロだせる

5年後のあなたに会いたい

今が、すごく大変?
なら、5年後はすごく楽しみだ

口にする言葉
胸に宿る思いは
すべて
現実になる

しあわせは「自分を信じる」人におとずれる

「どうしたら、
うまくいく」と
思いますか？

答えは
すでにご存知でしょう

まず
「あなたが変わる」と
オセロのように
すべてが変わっていく

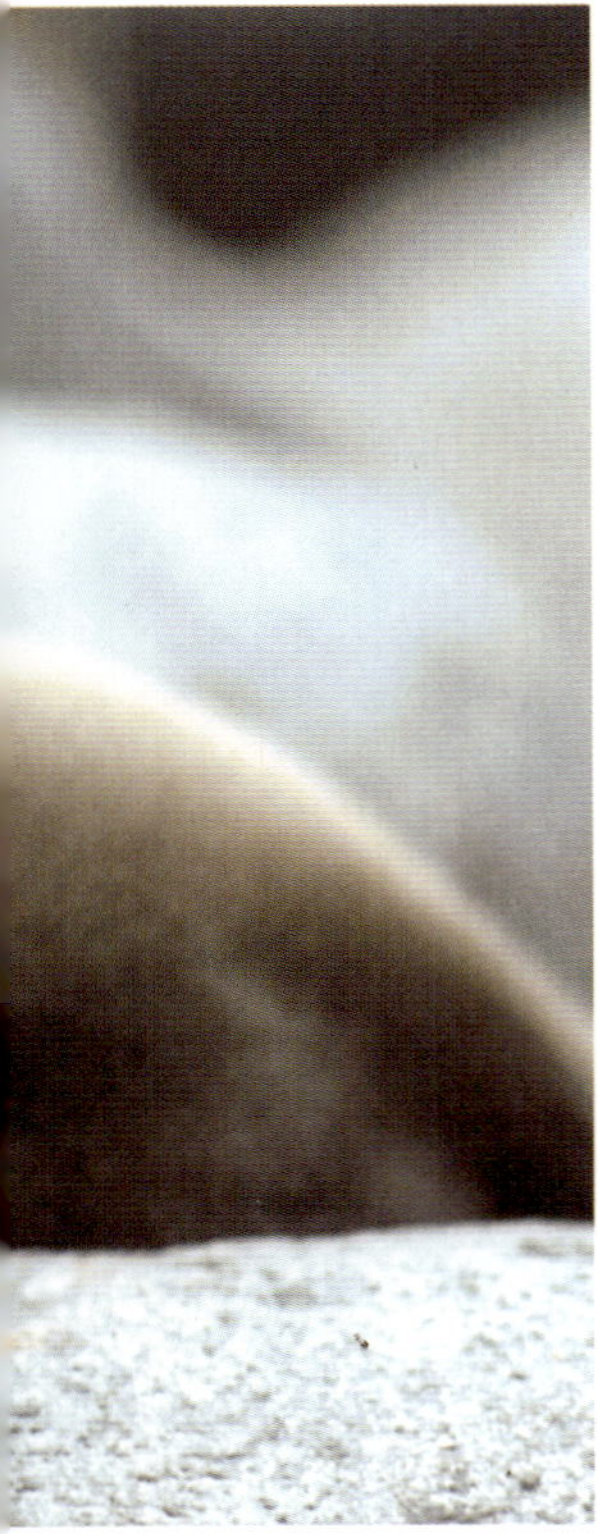

一番大事なのは「人」

人によって傷つけられ、励まされ、癒され、
人によって愛され、
人によって人は人になれるのです

人を
大切にすることは
自分を
大切にすること
すべては、つながっている

会わなければ
よかったという
人はひとりもいない

あなたは
絶対に
ひとりぼっち
ではありません

あなたには
味方がたくさんいます

あなたを
待っている人がいます

人との「ふれあい」にこそ「生きるチカラ」

がひそんでいます

あなたは
自分の
素晴らしさに
目を背けてはいけない

同じように
他人の
素晴らしさに
目を背けてはいけない

あなたは日々、人に助けてもらっているのです

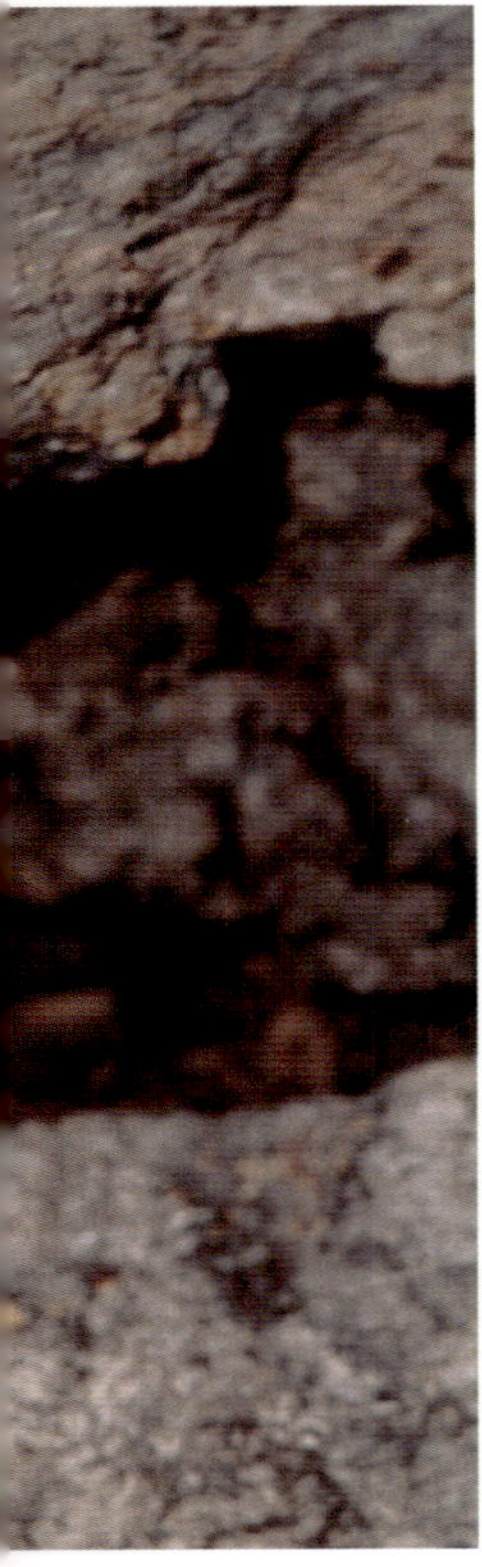

人に感謝する人は、人に感謝される

人との
交流から
「情熱」も「安らぎ」も
生まれたと
思いだしてみてください

生きるチカラも
すごく「近く」に
ある

あなたの「中」に
誰か《あの人》の「中」に

言葉一つで、毎日は楽しくなる
魔法みたいに

本書は、本文庫のために書き下ろされたものです。

写真提供　アフロ
Shutterstock

「ほっ」とする言葉《ことば》55

編著者　スマイル・ファクトリー
発行者　押鐘冨士雄
発行所　株式会社三笠書房
〒102-0072 東京都千代田区飯田橋3-3-1
電話　03-5226-5734（営業部）03-5226-5731（編集部）
http://www.mikasashobo.co.jp
印刷　誠宏印刷
製本　宮田製本

 ISBN978-4-8379-6442-1 C0130

落丁・乱丁本は当社営業部宛にお送りください。お取替えいたします。
定価・発行日はカバーに表示してあります。

王様文庫

三笠書房 "心が軽く"なる ベストセラー ヒーリングBOOK

王様文庫

読むだけで運がよくなる77の方法

リチャード・カールソン【著】
浅見帆帆子【訳】

〈シリーズ累計〉24カ国で、2600万部突破！

「いいこと」が〝音を立てて〟やってくる！

365日を〝ラッキー・デー〟に変える77の方法。朝2分でできる開運アクションから、人との「縁」をチャンスに変える言葉まで、「強運な私」に変わる〝奇跡〟を起こす1冊！『〝こうだといいな〟を現実に変えてしまう本！』（浅見帆帆子）

気持ちの整理

不思議なくらい前向きになる94のヒント

斎藤茂太

知的生きかた文庫

心のクヨクヨが、サーッと晴れる！
いい気分転換は、こんなにいい24時間をつくる

あなたにぴったりの「気分転換法」が見つかる！「悩み強い」人になるための絶対ルールから、気分転換の〝定番〟のつくりかたまで、一歩踏み出す勇気が2倍も3倍も湧いてくる本。人生に〝いい循環〟がめぐってくる！

K20010